BEI GRIN MACHT SICH
WISSEN BEZAHLT

- Wir veröffentlichen Ihre Hausarbeit,
  Bachelor- und Masterarbeit

- Ihr eigenes eBook und Buch -
  weltweit in allen wichtigen Shops

- Verdienen Sie an jedem Verkauf

Jetzt bei www.GRIN.com hochladen
und kostenlos publizieren

Swenja Rolfes

Ist Frankreich ein Vorbild für die Kinderbetreuung?

Familienpolitik in Deutschland und Frankreich – Ein Vergleich

GRIN Verlag

Bibliografische Information der Deutschen Nationalbibliothek:

Die Deutsche Bibliothek verzeichnet diese Publikation in der Deutschen National-
bibliografie; detaillierte bibliografische Daten sind im Internet über http://dnb.d-
nb.de/ abrufbar.

Impressum:

Copyright © 2011 GRIN Verlag GmbH
Druck und Bindung: Books on Demand GmbH, Norderstedt Germany
ISBN: 978-3-656-46895-0

Dieses Buch bei GRIN:

http://www.grin.com/de/e-book/230543/ist-frankreich-ein-vorbild-fuer-die-kinder-
betreuung

GRIN - Your knowledge has value

Der GRIN Verlag publiziert seit 1998 wissenschaftliche Arbeiten von Studenten, Hochschullehrern und anderen Akademikern als eBook und gedrucktes Buch. Die Verlagswebsite www.grin.com ist die ideale Plattform zur Veröffentlichung von Hausarbeiten, Abschlussarbeiten, wissenschaftlichen Aufsätzen, Dissertationen und Fachbüchern.

Besuchen Sie uns im Internet:

http://www.grin.com/

http://www.facebook.com/grincom

http://www.twitter.com/grin_com

FACHHOCHSCHULE JENA

FACHBEREICH SOZIALWESEN

5.SEMESTER

BA SOZIALE ARBEIT

1.010 EINFÜHRUNG IN DIE SOZIALPOLITIK /

KOMMUNALE SOZIALPOLITIK

HAUSARBEIT

Ist Frankreich ein Vorbild für die Kinderbetreuung?

Familienpolitik in Deutschland und Frankreich – Ein Vergleich

09.02.2011

INHALTSVERZEICHNIS

1) Einleitung

Vereinbarkeit von Familie und Beruf ist eine Herausforderung vor der viele Mütter stehen und bei der viele in Deutschland scheitern oder sich von vornherein gegen ein Leben mit Kindern, aber für die Karriere entscheiden. Dabei ist das Thema Kinderbetreuung ein wichtiger und meist entscheidender Punkt, der auch häufig diskutiert wird. Nach Blome und Keck ist Deutschland das Vorzeigeland was den Ausstieg von Müttern aus dem Arbeitsmarkt betrifft (vgl. Blome u. Keck, 2007, S.8). Die Bedingungen für eine Vereinbarung von Beruf und Familie scheint in Deutschland kaum zu funktionieren. Für die Vereinbarkeit von Beruf und Familie ist ein gut ausgebautes Kinderbetreuungsangebot wichtig. Frankreich ist eines der Länder, in denen die Geburtenrate mit am höchsten ist und wo die Vereinbarkeit von Beruf und Familie anscheinend kein Problem darstellt. Da liegt es nahe, dass man zu der Vermutung kommt, dass die Kinderbetreuungsmöglichkeiten in Frankreich besser als in Deutschland sind und vielleicht auch ein Vorbild darstellen. Nicht ohne Grund wird die deutsche Familienpolitik gerne mit der französischen verglichen.

In der vorliegenden Hausarbeit werde ich klären, ob Frankreich wirklich ein Vorbild für Deutschland in Sachen Kinderbetreuung ist. Es soll es um das Thema „Ist Frankreich ein Vorbild für die Kinderbetreuung? Familienpolitik in Deutschland und Frankreich – ein Vergleich" gehen. Dabei werde ich zu allererst die Begriffe „Familie" und „Familienpolitik" kurz klären, um dann zur Entwicklung und schließlich zur aktuellen Familienpolitik der beiden Länder Deutschland und Frankreich zu kommen. Im 5.Abschnitt werde ich dann die verschiedenen familienpolitischen Leistungen der beiden Länder kurz vorstellen. Anschließend werde ich mich dann den Themen der Geburtenrate, der Vereinbarkeit von Beruf und Familie und schließlich den Betreuungsangeboten für Kinder im Vorschulalter, widmen und auseinandersetzen. Wo dann auch die Frage nach der Vorbildfunktion hoffentlich geklärt wird. Zu guter Letzt werde ich dann die Ausarbeitung mit einem Fazit beenden.

2) Begriffsklärung

Da der Bestandteil der Familienpolitik die Familie ist, werde ich zu allererst den Begriff „Familie" und anschließend den Begriff „Familienpolitik" kurz näher bringen, um ein grundlegendes Verständnis für die Begriffe und somit für die Thematik hoffentlich erbringen zu können.

2.1) Familie – heute und damals

Der Begriff Familie hat sich in den letzten Jahren stark gewandelt. Früher gehörten das Zusammenleben in einer Ehe, sowie die Geburt von Kindern zur Normalität eines jeden Lebenslaufs. Heute dagegen „zählen neben dem sog. Normallfall von dauerhaft verheirateten Ehepaaren mit ihren leiblichen Kindern auch Ehepaare mit nicht leiblichen Kindern (Stiefeltern mit Stiefkindern, Adoptivkinder), Einelternfamilien (alleinerziehende Mütter oder Väter mit ihren Kindern) sowie Gemeinschaften unverheirateter Paare mit Kindern zu den Familien. Allgemein gefasst lässt sich „Familie" damit als eine Eltern-Kind-Gemeinschaft definieren, die gewöhnlich, aber keineswegs immer, auf einer Ehe beruht oder daraus abgeleitet ist" (Bäcker, u.a., 2008, S.247). Auch die Rollen innerhalb der Familie haben sich verändert. Vor einigen Jahrzehnten war es selbstverständlich, dass die Frau sich an erster Stelle um die Familie kümmert. „Während Frauen noch immer vorrangig Familienaufgaben übernehmen, passte sich ihr Bildungs- und Beschäftigungshintergrund immer mehr demjenigen der Männer an und überholte ihn teilweise [...], was infolge ihrer immer erfolgreicheren Integration in den Arbeitsmarkt zu einer Situation multipler Verpflichtungen führte" (Opielka, 2008, S.108/109). Durch den Wandel der Geschlechterrolle hat sich ein kontinuierlicher Rückzug aus der typischen Familienarbeit entwickelt (vgl.ebd.). Die Frau möchte sich beruflich verwirklichen, was sich mit dem Wunsch nach Kindern in Deutschland schwer vereinbaren lässt. Familienpolitisch ist hier noch Veränderungsbedarf.

2.2) Familienpolitik

Die Förderung und Unterstützung von Familien ist eine der wichtigen Aufgaben unseres Sozialstaates (vgl. Bäcker, u.a., 2008, S.248). Nach Lampert und Althammer umfasst Familienpolitik „die Gesamtheit der Maßnahmen und Einrichtungen, mit denen die Träger der Politik das Ziel verfolgen, die Familie zu schützen und zu fördern" (Lampert/Althammer, 2007, S.383). Ein gewisser Schutz von Familien ist im Grundgesetz rechtlich verankert, so heißt es im Artikel 6 Absatz 1 „Ehe und Familie stehen unter dem besonderen Schutz der staatlichen Ordnung" (Stascheit, 2010, S.19). Dieser Artikel wird häufig in Verbindung mit Familienpolitik zitiert, aber auch nicht ohne Grund, denn dieser Artikel bildet eine von den rechtlichen Grundlagen der Familienpolitik.

„Mit der *Familienpolitik* hat sich ein eigenständiger Teil von Sozialpolitik entwickelt. Ziel von Familienpolitik ist es, die wirtschaftlichen und sozialen Lebensbedingungen von Familien zu sichern und zu verbessern, die Familien in ihren Aufgaben und Funktionen zu unterstützen und zu fördern und damit die Voraussetzungen dafür zu schaffen, dass sich der

Wunsch nach Kindern auch realisieren lässt" (ebd., S.248). Somit hat Familienpolitik auch immer etwas mit Zukunftssicherung der Familien zu tun.

3) Entwicklung der Familienpolitik

3.1) in Deutschland

Im Jahr 1953 wurde das Bundesfamilienministerium gegründet. Das Leitziel war anfangs der verankerte Institutionenschutz (vgl. Gerlach, 2008, S.54). „Die Familienpolitik wollte vor allem sicherstellen, dass die in Arbeitsteilung und Rollenwahrnehmung traditionell bestimmte Familie (das heißt, der Vater ging arbeiten und die Mutter versorgte zu Hause die Kinder), ihre familialen Leistungen erbringen konnte" (ebd., S.54). Familien, in denen mehrere Kinder lebten, sollten nicht Gefahr laufen, zu verarmen. Die Erwerbstätigkeit von Frauen wurde als Gefährdung für die Familie gesehen. In den 1960er Jahren lockerten sich in der Familienpolitik allmählich diese Ansichten was das Familienbild und auch was die Erwerbstätigkeit von Frauen anging (vgl. ebd., S.54/55).

In Deutschland waren die ersten familienpolitischen Maßnahmen monetäre Leistungen. 1954 wurde das Kindergeld eingeführt und betrug ab dem dritten Kind nach heutiger Währung 13 Euro im Monat. Außerdem wurde 1958 das Ehegattensplitting eingerichtet, welches die Alleinverdienerehe begünstigte und dieses Modell des Alleinverdieners somit auch förderte.

In den 1970er Jahren gab es umfassende Reformen im Familien- und Eherecht. So wurde u.a. das Adoptionsgesetz ausgestaltet, Unterhaltsverpflichtungen wurden nicht mehr nach dem Schuldprinzip entschieden, sondern der wirtschaftlich stärkere Partner sollte den schwächeren unterstützen. Eine Gleichstellung von Mann und Frau in der Familie sollte erfolgen und somit die elterliche Sorge partnerschaftlich getragen werden (vgl. BMFSFJ, 2008 (a), S.11). Die Einführung des bezahlten Mutterschaftsurlaubs (1979) von sechs Monaten für berufstätige Frauen war in der deutschen Familienpolitik die erste Maßnahme zur Vereinbarkeit von Beruf und Familie (vgl. Gerlach, 2008, S.55). Dadurch war klar, dass sich die Familienpolitik nicht mehr ausschließlich am Alleinverdiener-Modell orientierte. Durch die Einführung des einkommensunabhängigen Kindergeldes wurde auch die finanzielle Situation der Familien verbessert (vgl. BMFSFJ, 2008 (a), S.12). Seit der Kindergeldreform 1975 wurde das Kindergeld bis heute immer wieder aktualisiert und angepasst. „Die wesentlichen Instrumente der Familienpolitik in den 80er und 90er Jahren – Erziehungsurlaub, Erziehungsgeld, Anerkennung von Erziehungszeiten in der Rentenversicherung und der Anspruch auf einen Kindergartenplatz für Kinder zwischen dem dritten und sechsten Lebensjahr – hatten zum Ziel, Wahlfreiheit für Mütter und auch Väter zu ermöglichen. Sie sollten frei entscheiden können, ob und wie lange sie aus der Erwerbstätigkeit ausscheiden, um ihre Kinder zu erziehen" (ebd., S.12). 1986 wurde das Mutterschaftsgeld in das Erziehungsgeld umgewandelt und konnte nun von allen, nicht nur den erwerbstätigen Müttern, bezogen werden. Damit erhielt die Familienarbeit die gleiche gesellschaftliche und persönliche Bedeutung wie die Erwerbstätigkeit und wurde dementsprechend genauso anerkannt und honoriert (vgl. Gerlach, 2008, S.59). Das Erziehungsgeld konnte für maximal zwei Jahre bezogen werden. Der Erziehungsurlaub (vorher Mutterschaftsurlaub) konnte von nun an auf bis zu drei Jahre ausgedehnt werden. In dieser Zeit bildete der Familienlasten- bzw. Familienleistungsausgleich einen weiteren Schwerpunkt in der Familienpolitik. Das einkommensunabhängige Kindergeld wurde durch die steuerlichen Kinderfreibeträge abgelöst (vgl. BMFSFJ, 2008 (a), S.12): „Den Eltern wurde neben einem einkommensabhängigen Kindergeld ein steuerlicher Kinderfreibetrag gewährt, welcher jedoch insbesondere von einkommensstarken Familien ausgeschöpft werden konnte" (ebd., S.12). 1996 wurde dieses System aufgrund eines Urteils des Bundesverfassungsgerichts geändert: entweder wird Kindergeld gezahlt oder der steuerliche Kinderfreibetrag alternativ gewährt. Der Familienlasten- bzw. Familienleistungsausgleich wurde im Jahr 2000 weiter ausgebaut, indem ein Betreuungsfreibetrag für Kinder bis 16 Jahre eingeführt wurde (vgl. ebd., S.12/13).

Mit der Einführung des Gewaltschutzgesetzes, des Lebenspartnerschaftsgesetzes und der Möglichkeit der Stiefkindadoption (2001) wurde das Leitbild der Familienpolitik stärker an den gelebten Formen von Familie und an der sozialen Realität angepasst (vgl. Gerlach, 2008, S.61).

Seit 2001 können Eltern, die erwerbstätig sind gemeinsam bis zu drei Jahren Elternzeit (vorher Erziehungsurlaub) nehmen. Außerdem wurde zum 01.01.2007 das Elterngeld eingeführt, welches einen immer noch aktuellen Schwerpunkt in der Familienpolitik darstellt. Das Elterngeld ersetzt das frühere Erziehungsgeld, mit dessen Wirkungen eine große Unzufriedenheit herrschte und dem nachgesagt wurde, dass es den familienpolitischen Herausforderungen nicht länger gerecht werde. Denn den Familien blieb bei Erhalt des Erziehungsgeldes je nach Einkommensbereich 60 bzw. 70% des vorherigen Budgets, was einige Familien in eine finanzielle Notlage brachte und diese somit auf ergänzende Sozialgelder angewiesen waren. Die Einführung des Elterngeldes hingegen soll einen Schonraum von bis zu 14 Monaten schaffen, in dem die jungen Eltern keine finanziellen Sorgen zu befürchten haben. In dieser Zeit haben die Eltern die Möglichkeit sich selbst um die Betreuung ihres Kindes zu kümmern. Es wird außerdem eine Wahlfreiheit für Männer und Frauen geschaffen, die es ermöglicht, dass auch der besser verdienende Partner sich um die Betreuung kümmern kann (vgl. BMFSFJ, 2008 (a), S.13/14). An einigen Stellen wurden 2009 die Regelungen zum Elterngeld und zur Elternzeit weiter verbessert. Es soll nun eine flexiblere Aufteilung der Elternzeit für die junge Mutter und den jungen Vater geben. Außerdem gibt es jetzt die Möglichkeit, dass Großeltern die Elternzeit in Anspruch nehmen und sich um das Enkelkind kümmern können, um der minderjährigen Mutter bzw. dem minderjährigen Vater den Schul- oder Ausbildungsabschluss ermöglichen zu können (vgl. BMFSFJ, 2010, S.6).

Die Einführung des Elterngeldes wird durch den Ausbau der Kinderbetreuung für die unter Dreijährigen ergänzt „(35% = 750 000 Plätze), der laut einem Bund-Länder-Beschluss aus dem Spätsommer 2007 und der rechtlichen Fixierung im Kinderförderungsgesetz 2008 mit einem Rechtsanspruch ab 2013 verbunden sein wird" (Gerlach, 2008, S.63).

3.2) in Frankreich

„Frankreich hat in Europa die längste familienpolitische Tradition, deren Ursprung bis in die 1830er zurückzuverfolgen ist. Entstanden ist sie in erster Linie aus dem durch das Bürgertum vertretenen Natalismus, der ein militärisch begründetes Bevölkerungswachstum zum Ziel hatte. Das natalistische Element der französischen Familienpolitik stellt bis heute einen zentralen Aspekt dar" (BMFSFJ, 2008 (a), S.104).

1909 wurde der Mutterschutz eingeführt, erst im öffentlichen Sektor und dann auch in der Industrie. Seit der Vorkriegszeit wird der Mutterschutz, der heute 16 Wochen beträgt, mit finanziellen Mitteln entlohnt. Für die Väter besteht seit 2002 die Möglichkeit eine Vaterzeit von insgesamt 14 Tagen zu nehmen. Der Zweck dieser Vaterzeit besteht darin, die frühe Bindung zwischen Vater und Kind in dieser Zeit zu stärken.

Nach dem Zweiten Weltkrieg wurde in Frankreich das Kindergeld eingeführt, welches die Familien bis heute unabhängig von ihrem Einkommen erhalten. Das Kindergeld wird in Frankreich, anders als in Deutschland, erst ab dem zweiten Kind ausgezahlt. Hier zeigt sich wieder das natalistische Element der französischen Familienpolitik, denn in Frankreich wird die Geburt zweiter und dritter Kinder gesondert finanziell berücksichtigt.

Frauen erhielten bis in den 70er Jahren finanzielle Unterstützung, wenn sie die Kinder zu Hause versorgten. Dadurch sollte die familiäre Fürsorge der Kinder gefördert und ein Anreiz für die Geburt und Betreuung von Kindern geboten werden. Mitte der 70er Jahre erfolgte diesbezüglich eine Wende. Es herrschte ein Arbeitskräftemangel, vor allem im Dienstleistungssektor (vgl. ebd. S.104/105), „dem durch einen vermehrten Einstieg von Frauen in die Erwerbstätigkeit begegnet werden sollte. Die finanzielle Förderung des Familienmodells der Vollzeitmutter wurde Schritt für Schritt gesenkt und 1978 schließlich ganz gestrichen. Stattdessen wurden Familien durch spezielle Mittel wie z.B. Wohnungs-beihilfe, Alleinerziehendenhilfe und eine Hilfe zum Schuljahresbeginn unterstützt. Zusätz-lich wurde eine zweijährige Elternzeit [...] eingeführt, die durch die Garantie des Arbeits-platzes den Wiedereinstieg von Müttern gewährleisten sollte. Seit 1994 ist währenddessen Teilzeitarbeit möglich" (ebd., S.105).

Um Müttern die Berufstätigkeit zu ermöglichen wurde ein breites staatlich finanziertes Angebot von Kinderbetreuungsmöglichkeiten eingeführt und die Anzahl der Krippen wur-de stark ausgebaut. Dadurch sollte für die Frauen die Möglichkeit geschaffen werden zwi-schen einer Berufstätigkeit und einem Dasein als Hausfrau frei entscheiden zu können. 1985 wurde in Frankreich das Erziehungsgeld (APE[1]) eingeführt, welches als finanzielle Unterstützung für das dritte und jedes weitere Kind einer Familie dienen soll, wenn ein Elternteil die Erwerbstätigkeit reduziert oder einstellt. Zudem wurden in den 80er Jahren verschiedene Betreuungsmöglichkeiten von Kindern gefördert. Außerdem wurden neue finanzielle Unterstützungsmöglichkeiten, in Form von einer Beihilfe zur häuslichen Kin-derbetreuung (AGED[2]) und einer Beihilfe zur Beschäftigung einer staatlich anerkannten Tagesmutter (AFEAMA[3]) eingeführt.

Nach dem Regierungswechsel in den 90er Jahren wurden die Anzahl der Kinderbetreu-ungsplätze, sowie der Kreis der anspruchsberechtigten Eltern erneut deutlich ausgebaut. 2003 wurden die finanziellen Leistungen für Kleinkinder im Rahmen einer speziellen Re-gelung (PAJE[4]) zusammengeführt (vgl. ebd., S.106). „Die Finanzhilfen für Familien wur-den dabei erneut erhöht. Im Jahr 2005 wurde PAJE ergänzt durch eine neue Art der Eltern-zeit ab dem dritten Kind, bei dem Eltern über einen kürzeren Zeitraum einen erhöhten Be-trag erhalten. Diese Maßnahme soll Eltern aus Mehrkinderfamilien schnell wieder in die Erwerbstätigkeit zurückholen" (ebd., S.106).

„Eine Besonderheit der französischen Familienpolitik ist das Familiensplitting [...] im Steuersystem" (ebd., S.106). Durch das Familiensplitting werden kinderreiche Familien stark begünstigt, da ihre Steuerprogression abgemildert wird. Vor allem kinderreiche Fami-lien mit hohem Einkommen profitieren hiervon (vgl. ebd., S.106).

2006 wurde ein Fünfjahresplan „Kleinkinder" aufgelegt, dessen Ziel insbesondere ist, „im Jahre 2008 insgesamt über 350.000 öffentliche Betreuungsplätze zu verfügen, die Einrich-tung von Kleinst- und Unternehmenskrippen speziell zu fördern und im ganzen Land quali-tativ gleichwertige Dienste anzubieten" (ebd., S.106). Die Kinderbetreuung der Drei- bis

---

[1] Allocation parental d'education (APE)
[2] Allocation de garde d'un enfant à domicile (AGED)
[3] Aide à la famille pour l'emploi d'une assistante maternelle agree (AFEAMA)
[4] Prestation d'accueil du jeune enfant (PAJE) = Kombinierte Leistung für Kleinkinder

Sechsjährigen ist in Frankreich sehr gut ausgebaut. Fast 100% der Kinder dieser Altersgruppe besuchen die staatliche Vorschule, die ganztägig ist. Die jüngeren Kinder werden überwiegend in Krippen betreut. Gesellschaftlich sind diese Betreuungsmöglichkeiten in Frankreich hoch anerkannt, denn sie bringen nicht nur Vorteile für die Eltern, sondern ermöglichen für die Kinder eine frühe Förderung. Allerdings besteht auf die außerfamiliäre Erziehung von Kindern bis zum dritten Lebensjahr kein Rechtsanspruch. Dennoch steht nach wie vor zur besseren Vereinbarkeit von Familie und Beruf, der Ausbau der Betreuungsmöglichkeiten für Kinder unter 3 Jahren im Fokus der aktuellen Politik in Frankreich (vgl. ebd., S.106).

4) Familienpolitik aktuell

Wie schon erwähnt ist die französische Familienpolitik nach dem pronatalistischen Modell ausgerichtet. Sie „zielt auf eine hohe Geburtenrate ab und legt Wert auf den Ausbau und die Qualität von Kinderbetreuungsmöglichkeiten" (BMFSFJ, 2008 (a), S.142). Bereits seit Beginn der französischen Familienpolitik geht man in Frankreich davon aus, dass die Kinderbetreuung einen positiven Einfluss auf das Bevölkerungswachstum hat. Ein weiterer Schwerpunkt ist die finanzielle Förderung von einkommensschwachen und kinderreichen Familien (vgl. BMFSFJ, 2008 (b), S.7/8). Gegenwärtig hat sich die französische Familienpolitik „die Unterstützung der Eltern in ihren elterlichen Pflichten, die Garantie der freien Wahl der Betreuungsart der Kinder und die Vereinbarkeit von Beruf und Familie für beide Elternteile als Ziele gesetzt" (BMFSFJ, 2008 (a), S.104). Im Zusammenhang mit der Vereinbarkeit von Beruf und Familie steht auch weiterhin der Ausbau der Betreuungsmöglichkeiten für die unter 3-Jährigen im Fokus der aktuellen Familienpolitik (vgl. ebd., S.106).

In Deutschland sind die Schwerpunkte der Familienpolitik auf die Förderung der wirtschaftlichen Selbständigkeit von Familien, sowie eine Erleichterung der Vereinbarkeit von Familie und Beruf, die durch den Ausbau der Betreuungsmöglichkeiten für Kinder erreicht werden soll, ausgerichtet. Außerdem soll bei der Kinderbetreuung eine stärkere Beteiligung der Väter erzielt werden. Eine Entscheidung für ein Kind/er soll durch diese Schwerpunkte gestärkt werden. Die deutsche Familienpolitik war lange auf der Tradition, dass ein Kind bis zum dritten Lebensjahr innerhalb der Familie (meist von der Mutter) betreut wird, ausgerichtet. Mittlerweile findet hier ein Paradigmenwechsel statt (vgl. BMFSFJ, 2008 (b), S.6 u. 8).

5) Familienleistungen im Vergleich

5.1) Geldregelungen

5.1.1) Mutterschaftsgeld

Während der Mutterschutzfristen, also 6 Wochen vor und 8 Wochen nach der Geburt (bei Früh- oder Mehrlingsgeburten 12 Wochen) sowie für den Entbindungstermin wird in Deutschland das Mutterschaftsgeld gezahlt. Diese finanzielle Leistung wird von den gesetzlichen Krankenkassen gezahlt. (vgl. Gerlach, 2004, S.318). „Voraussetzung für die Zahlung des Mutterschaftsgeldes durch die Krankenkassen ist, dass die Frauen freiwillige oder pflichtversicherte Mitglieder der gesetzlichen Krankenversicherung sind und Anspruch auf Krankengeld haben" (BMFSFJ, 2008 (a), S.16). Für die Berechnung des Mutterschaftsgeldes zählt der Durchschnittsverdienst der letzten drei Monate vor Eintritt der Schwangerschaft. Versicherte bekommen von der Krankenkasse maximal 13€ pro Tag. Die eventuelle Differenz zum vorherigen Durchschnittsverdienst zahlt der Arbeitgeber oder bei bestimmten Beschäftigungsgruppen übernehmen das andere Kassen (vgl. Dienel, 2002, S.107). Das Bundesversicherungsamt zahlt für nicht versicherte Arbeitnehmerinnen wie z.b. Selbständige, privat krankenversicherte oder familienversicherte einen Zuschuss von insgesamt höchstens 210€ (vgl. BMFSFJ, 2008 (a), S.16). „Frauen in der gesetzlichen Krankenversicherung haben darüber hinaus Anspruch auf kostenlose ärztliche Betreuung, stationäre Entbindung, häusliche Pflege, Haushaltshilfe und ein Entbindungsgeld" (Dienel, 2002, S.107). Das Entbindungsgeld ist für Mütter gedacht, die keinen Anspruch auf Mutterschaftsgeld haben. Hierbei handelt es sich um eine einmalige Leistung von 77€ (vgl. Gerlach, 2004, S.318).

Auch in Frankreich übernimmt das Mutterschaftsgeld eine recht große Rolle in der Sicherstellung der frühkindlichen Versorgung. Die Höhe wird, wie in Deutschland, anhand der Einkünfte der letzten drei Monate berechnet (vgl. BMFSFJ, 2008 (a), S.109). „Sofern das monatliche Einkommen über der Höchstgrenze [...] liegt, zahlt der Arbeitgeber ganz oder teilweise die Differenz zwischen dem Arbeitsentgelt und dem Mutterschaftsgeld [...]" (ebd.). Das Mutterschaftsgeld wird im Zeitraum des Mutterschutzes, der in Frankreich mind. 16 Wochen lang ist (siehe 5.2.1), gezahlt. Der Anspruch auf Mutterschaftsgeld erhöht sich ab der Geburt des dritten Kindes (vgl. ebd.). Das zeigt wieder das französische Privileg der Mehrkinderfamilien. Falls die Mutter bei der Geburt stirbt, hat der Vater des Kindes Anspruch auf das Mutterschaftsgeld.

Auch Selbständige erhalten Mutterschaftsgeld in Form eines einmaligen Betrages, der einmal zu 50 Prozent im 7.Monat der Schwangerschaft und einmal 50 Prozent nach der Entbindung ausgezahlt wird. Falls selbständige Frauen ihre Berufstätigkeit für einen längeren Zeitraum (mind.30 Tage), der ärztlich attestiert ist, nicht nachgehen können erhalten sie eine weitere Bruttoleistung. Diese Leistung kann sich, je nach Dauer der Arbeitsunterbrechung, weiter erhöhen (vgl. ebd.).

5.1.2) Elterngeld

„Um den Verdienstausfall in der Zeit nach der Geburt eines Kindes abzufedern, erhalten Mütter und Väter in Deutschland seit dem 1. Januar 2007 Elterngeld, das das bisherige Erziehungsgeld ablöst" (Mischke, 2009, S.43). Dadurch wird dem Elternteil, der zu Hause bleibt, ein finanzieller Ausgleich für 12 Monate geboten. Wenn zeitweilig auch der andere Elternteil zu Hause bleibt, kann für zwei weitere Monate Elterngeld bezogen werden. Durch diese Partnermonate sollen vor allem Väter angeregt werden, sich eine berufliche Auszeit zu nehmen und diese Zeit dann dem Kind zu widmen (vgl. ebd.). Grundsätzlich kann das Elterngeld nur in den ersten 14 Lebensmonaten des Kindes in Anspruch genommen werden (vgl. BMFSFJ, 2010, S.17).

Die Höhe des Elterngeldes beträgt 67 Prozent des vor der Geburt durchschnittlich monatlich verfügbaren bereinigten Nettoeinkommens. Dabei gibt es eine Höchstgrenze von 1.800€. Für nicht erwerbstätige Elternteile beträgt es mindestens 300€ (vgl. ebd., S.13). Dazu bekommt man bei der Geburt von Mehrlingen für jeden Mehrling 300€ zusätzlich zum errechneten Elterngeld gezahlt. Außerdem besteht die Möglichkeit einen Geschwisterbonus zu erhalten. Dabei erhöht sich das Elterngeld um 10 Prozent, mindestens aber um 75€ im Monat (vgl. ebd., S.16). „Bei zwei Kindern im Haushalt besteht der Anspruch auf den Erhöhungsbetrag so lange, bis das ältere Geschwisterkind drei Jahre alt ist. Bei drei und mehr Kindern im Haushalt genügt es, wenn mindestens zwei der älteren Geschwisterkinder das sechste Lebensjahr noch nicht vollendet haben" (ebd.). Während des Beziehens von Elterngeld ist eine Teilzeitarbeit von maximal 30 Wochenstunden möglich. Dieser Verdienst wird in die Berechnung des Elterngeldes mit einbezogen (vgl. ebd., S.14f.).

„Das Elterngeld in Frankreich ist in zwei Teile gegliedert: Zunächst besteht eine Grundleistung für Kleinkinder unter drei Jahren und ergänzend dazu – sofern eine Berechtigung durch Erwerbstätigkeit besteht – können Eltern Elterngeld beziehen" (ebd., S.110). Beide Leistungen unterliegen nicht der Einkommenssteuer. Die Grundleistung für Kinder unter drei Jahren wird monatlich bis zum dritten Geburtstag des Kindes gezahlt. Diese Grundleistung wird bereits ab dem ersten Kind gezahlt. Anspruch haben die Eltern, sofern sie ein bestimmtes Jahreseinkommen nicht überschreiten. Außerdem ist der Betrag neben dem Erwerbseinkommen dann wieder von der Kinderanzahl abhängig (vgl. ebd.).

Das Elterngeld wird mit der Grundleistung, sofern diese bezogen wird, verrechnet. Die Differenz wird dann ausgezahlt (vgl. ebd., S.111). „Das Elterngeld kann bis zu drei Jahren bezogen werden. Allerdings darf es für das erste Kind nur die ersten sechs Monate bezogen werden" (vgl. ebd.). Auch bei einer Teilzeitbeschäftigung gibt es einen Anspruch auf das Elterngeld. Hier gibt es wieder einen Bonus für die Mehrkinderfamilien. „Sofern eine Familie drei oder mehrere Kinder hat und ein Elternteil die Erwerbstätigkeit aufgibt, erhält die Familie über einen Zeitraum von zwölf Monaten eine fast 50 Prozent höhere Leistung […] (auch dieser Betrag wird mit der Grundleistung verrechnet)" (ebd., S.112). Beide Elternteile sind berechtigt, Elterngeld zu beziehen. Allerdings wird das Elterngeld immer pro Kind ausgezahlt und nicht pro Elternteil. Zudem kann es erst nach Ablauf des Mutterschafts- bzw. Vaterschaftsgeldes bezogen werden. Um das Elterngeld beziehen zu können, muss eine zweijährige Erwerbstätigkeit und die Einzahlung in die Rentenversicherung nachgewiesen werden (vgl. ebd.).

Das Elterngeld hat in beiden Ländern das Ziel positiv auf die Geburt von Kindern hinzuwirken. In Frankreich liegt der Schwerpunkt dabei vor allem auf die Förderung der Geburten eines zweiten oder dritten Kindes, aber auch in Deutschland wird dies gefördert und es gibt auch hier Begünstigungen für Mehrkinderfamilien. Das Ziel der Einführung des Elterngeldes ist aber auch, „durch die Anknüpfung an das individuelle Erwerbseinkommen die wirtschaftliche Selbständigkeit innerhalb der Partnerschaft zu sichern und die partnerschaftliche Teilhabe auch von Vätern an der Betreuungs- und Erziehungsarbeit zu fördern. Denn durch die einkommensabhängige Leistung können auch Väter, die in der Regel das höhere Einkommen in der Familie haben, ihre Erwerbstätigkeit unterbrechen, ohne wie zuvor einen tiefen Einkommenseinschnitt befürchten zu müssen" (Bäcker u.a., 2008, S.306).

5.1.3) Kindergeld

Die französische Familienpolitik ist, wie schon erwähnt, im Bereich der Geldleistungen auf kinderreiche Familien ausgerichtet. Das spiegelt sich auch beim Kindergeld (allocations familiales) wieder, denn es wird erst ab dem zweiten Kind gezahlt und ist, wie in Deutschland auch, nach der Kinderanzahl gestaffelt (siehe Tabelle 1).

Kindergeld für...	Monatlicher Betrag
2 Kinder	125,78€
3 Kinder	286,94€
jedes weitere Kind	161,17€

Tabelle 1: Staffelung des Kindergeldes in Frankreich (Quelle: CAF, 2011)

Für jedes Kind zwischen 11 und 16 Jahren erhöht sich das Kindergeld monatlich um 35,38€ und für Kinder die älter als 16 Jahre alt sind, gibt es eine Erhöhung von 62,90€ (vgl. CAF, 2011).

In Deutschland dagegen sieht die Staffelung ein wenig anders aus, da es bereits ab dem ersten Kind gezahlt wird und die Beträge auch höher sind (siehe Tabelle 2).

Kindergeld für...	Monatlicher Betrag
das erste und zweite Kind	184€
das dritte Kind	190€
für das vierte und jedes weitere Kind	215€

Tabelle 2: Staffelung des Kindergeldes in Deutschland (Quelle: BMFSFJ, 2011)

Zudem ist das Kindergeld in Frankreich genauso wie in Deutschland unabhängig vom Einkommen und ist wie auch die anderen familiären Geldleistungen in Frankreich nicht einkommenssteuerpflichtig (vgl. BMFSFJ, 2008 (a), S.118). „Berechtigt sind Personen und Kinder mit dauerhaftem, rechtmäßigem Wohnsitz in Frankreich. Gezahlt wird das Kindergeld bis zum 21. Lebensjahr, wenn das Einkommen des Kindes nicht 55 Prozent des Mindestlohns [...] übersteigt [...]" (ebd.). In Deutschland hingegen wird das Kindergeld „für alle Kinder bis zum 18. Lebensjahr, für Arbeitslose (Kinder bis zum 21. Lebensjahr) und für Kinder in Ausbildung bis zum 25. Lebensjahr [...] ausgezahlt" (ebd., S.18).

Für Familien mit drei oder mehr Kindern gibt es in Frankreich eine zusätzliche Familienzulage. Sobald das dritte, vierte oder jedes weitere Kind drei Jahre alt wird, wird für jedes dieser Kinder eine zusätzliche Pauschale monatlich gezahlt (vgl. ebd., S.118).

In Deutschland hingegen erhalten Familien noch weitere Unterstützung durch die Freibeträge für Kinder bis zu 25 Jahren, die das Kindergeld ab einem bestimmten Jahreseinkommen ablösen. Dabei prüft das Finanzamt, ob die Anrechnung dieser Freibeträge für die Eltern günstiger ist. Diese Kinderfreibeträge mindern u.a. den Solidaritätszuschlag oder auch die Kirchensteuer (vgl. ebd., S.18). Sie „basieren auf dem sächlichen Existenzminimum für Kinder (Kinderfreibetrag) und dem zu berücksichtigenden Betreuungs- und Erziehungs- oder Ausbildungsbedarf" (ebd.).

5.1.4) Weitere Geldleistungen

Weitere finanzielle Unterstützung in Deutschland erhalten zum einen Alleinerziehende im Rahmen des Unterhaltsvorschusses, der über einen Zeitraum von maximal sechs Jahren gewährt wird und zum anderen Familien durch das Ehegattensplitting und den Familienlasten- bzw. Familienleistungsausgleichs (vgl. BMFSFJ, 2008 (a), S.18).

In Frankreich hingegen gibt es neben den bereits vorgestellten finanziellen Leistungen weitere Geldleistungen, die ich im Folgenden kurz vorstellen werde:

(1) Vaterschaftsgeld

Für Väter besteht in Frankreich ein Anspruch auf 14 Tage Vaterschaftsurlaub. Davon sind drei Tage direkt nach der Geburt zu nehmen. Der Lohn wird während dieser drei Tage vom Arbeitgeber weiter gezahlt (vgl. ebd., S.110). „Die verbleibenden elf Wochentage (18 Tage bei Mehrlingsgeburten) müssen innerhalb der ersten vier Lebensmonate des Kindes in Anspruch genommen werden – ansonsten verfällt der Anspruch der Vergütung" (ebd.). Die Krankenkasse zahlt das Vaterschaftsgeld, welches der Vergütung des Mutterschaftsgeldes entspricht (vgl. ebd.). „Mutterschaftsgeld und Vaterschaftsgeld [...]werden auch bei Adoption gezahlt" (ebd., S.109).

(2) Einmalige Geldleistungen zur Geburt

Werdende Eltern erhalten im Falle einer Schwangerschaft im siebten Monat oder im Falle einer Adoption einen einmaligen Betrag ausgezahlt. Dieser Betrag ist einkommensunabhängig und gilt pro Kind, d.h. bei beispielsweise einer Schwangerschaft mit Zwillingen oder einer Adoption von mehr als einem Kind erhöht sich der auszuzahlende Betrag um die Anzahl der Kinder (vgl. ebd., S.119).

(3) Kinderbetreuungsbeihilfe

Die Kinderbetreuungsbeihilfe ist einkommensabhängig und dient zur außerfamiliären Betreuung von Kindern im Alter von 0-3 Jahren. Für Kinder unter sechs Jahren werden die Kosten für die Betreuung im Rahmen dieser Kinderbetreuungsbeihilfe zum Teil vom Staat übernommen. Die Höhe der Beihilfe richtet sich nach der Familiengröße und nach dem Einkommen, dabei kommt es auch auf die Anzahl der betreffenden Kinder unter sechs Jahren in der Familie an (vgl. ebd., S.119). „Die Zulage wurde mit dem Ziel eingeführt, die Wahlfreiheit von einkommensschwachen Familien in Bezug auf die Betreuung von Kleinkindern (0-3 Jahren) zu verbessern" (ebd.). Zuvor war es für einkommensschwache Familien kaum möglich ihren Kindern eine gute außerfamiliäre Betreuung zu bieten. Auch ist diese Förderung der privaten Betreuung für einkommensschwache Familien zugleich eine kostengünstige Möglichkeit für den Staat (vgl. ebd.).

(4) Beihilfe zum Schuljahresbeginn

Die Beihilfe zum Schuljahresbeginn ist einkommensabhängig. Dabei steigt die Obergrenze des Einkommens mit der Anzahl der Kinder. Die Beihilfe ist für Kinder zwischen sechs und 18 Jahren ausgerichtet, dabei bekommt jedes Kind den gleichen Betrag (vgl. ebd.). Es ist also unerheblich ob ein Kind sechs oder 18 Jahre alt ist, der Betrag bleibt immer der gleiche.

(5) Beihilfe bei der Krankheit von Kindern

„Wenn ein Kind ernsthaft erkrankt, behindert ist oder schwer verunglückt, besteht in Frankreich die Möglichkeit, dass ein Elternteil die Berufstätigkeit zeitweise aufgibt, um sich um das Kind zu kümmern. Dafür ist ein medizinisches Attest nötig, das die Notwendigkeit der elterlichen Betreuung bestätigt"(ebd., S.120). In dieser Zeit ist der Arbeitsvertrag unterbrochen und der Elternteil bzw. das Elternpaar erhält einen bestimmten Betrag pro Tag, der unabhängig vom Einkommen ist (vgl. ebd.).

(6) Grundsicherung von Familien

„Die französische Familienpolitik basiert auf dem Grundsatz, allen Familien eine finanzielle Grundabsicherung zu gewährleisten und dennoch einkommensstarke Familien nicht zu benachteiligen" (ebd., S.121). Dabei unterstützen die Mindestabsicherung (Sozialhilfe) und das Wohngeld die einkommensschwachen Familien, sowie die Alleinerziehenden. Für einkommensstarke Familien gibt es steuerliche Vorteile, wie die Absetzbarkeit von der Einstellung einer Betreuungsperson oder anderer Betreuungsoptionen, sowie das Familiensplitting (vgl. ebd.).

5.2) Zeitregelungen

5.2.1) Mutterschutz

In Deutschland genauso wie in Frankreich erhalten alle Frauen, die erwerbstätig sind, während der Schwangerschaft und nach der Geburt einen besonderen Schutz. Der Mutterschutz ist in beiden Ländern unterschiedlich lang geregelt. In Deutschland beginnt der Mutterschutz sechs Wochen vor dem berechneten Geburtstermin und endet acht Wochen nach der Geburt. Bei Frühgeburten und Mehrlingsentbindungen endet der Mutterschutz zwölf Wochen nach der Geburt. Insgesamt ist der Mutterschutz auf insgesamt 14 Wochen festgelegt. Auch wenn es zu einer vorzeitigen Entbindung kommt, verlängert sich der Mutterschutz um die Tage, die vor der Entbindung nicht in Anspruch genommen werden konnten (vgl. BMFSFJ, 2008 (a), S.19). In Frankreich beträgt die Zeit des Mutterschutzes insgesamt 16 Wochen, sechs Wochen vor und zehn Wochen nach der Geburt. Mit einer ärztlichen Bescheinigung kann diese Zeit verlängert werden (um vier Wochen vor und vier Wochen nach der Geburt). Beim „dritten Kind verlängert sich der Mutterschutz auf 26 Wochen (acht vor, 18 nach der Geburt). Zusätzliche Tage gibt es auch bei der Geburt von Zwillingen (34 Wochen) und Mehrlingen (46 Wochen)" (ebd., S.123). Hier zeigt sich wieder, dass in Frankreich Familien mit mehr als zwei Kindern besser gestellt bzw. unterstützt werden.

In Deutschland schützt das Mutterschutzgesetz (MuSchG) „die schwangere Frau und die Mutter grundsätzlich vor Kündigung und in den meisten Fällen auch vor vorübergehender Minderung des Einkommens. Es schützt darüber hinaus die Gesundheit der (werdenden) Mutter und des Kindes vor Gefahren am Arbeitsplatz" (BMFSFJ, 2008 (a), S.18). Auch in Frankreich gelten ähnliche Schutzbestimmungen für Mutter und Kind. Neben den Schutzbestimmungen vor Gefahren am Arbeitsplatz besteht nach Beendigung des Mutterschutzes weiterhin ein vierwöchiger Kündigungsschutz. Außerdem gibt es die Regelung, dass wenn die Mutter bei der Geburt schwer erkrankt oder verstirbt sind zehn Wochen Mutterschutzzeit an den Vater übertragbar (vgl. ebd., S.123).

Insgesamt lässt sich sagen, dass in beiden Ländern viel Wert auf den Schutz der Mutter und des Kindes, während und nach der Schwangerschaft gelegt wird.

5.2.2) Elternzeit

Auch nach der Einführung des Elterngeldes bleibt weiterhin der Anspruch auf die Elternzeit in Deutschland. „Einen Anspruch auf Elternzeit haben Mütter und Väter, die in einem Arbeitsverhältnis stehen" (BMFSFJ, 2010, S.57). Dabei ist es nicht relevant, um welche Art von Beschäftigung es sich handelt. Ob es sich nun um eine Teilzeitbeschäftigung, eine befristete oder eine geringfügige Beschäftigung oder ob man sich noch z.B. in der Ausbildung, einer beruflichen Fortbildung/Umschulung befindet ist dabei unerheblich (vgl. ebd., S.58). „Der Anspruch [...] besteht bis zur Vollendung des dritten Lebensjahres des Kindes" (ebd., S.59). Dabei ist es nach Zustimmung des Arbeitgebers möglich zwölf Monate der Zeit im Zeitraum bis zur Vollendung des achten Lebensjahres des Kindes zu nehmen. Hierbei handelt es sich, was die Zustimmung betrifft, um eine Ausnahme. Generell ist es nämlich so, dass für die Elternzeit keine Zustimmung des Arbeitgebers erforderlich ist. Es gibt nur bestimmte Regeln die bei der Anmeldung einzuhalten sind. Die Elternzeit ist somit auch unabhängig vom Elterngeld zu nehmen. Auch kann die Elternzeit unter beiden Elternteilen aufgeteilt werden. Dabei steht es den Eltern frei, wie sie die Zeiträume einteilen und wie lang diese sind (vgl. ebd., S.59-61). Während der Elternzeit besteht ein Kündigungsschutz, d.h. der Arbeitgeber darf ab dem Zeitpunkt der Anmeldung der Elternzeit bis zu deren Ende keine Kündigung aussprechen (vgl. ebd., S.70).

In Frankreich haben Eltern, genau wie in Deutschland auch, einen Anspruch auf insgesamt drei Jahre Elternzeit (congé parental d'éducation, CPE), die nicht vergütet wird. Der Unterschied ist allerdings, dass die Elternzeit in Frankreich zunächst auf ein Jahr begrenzt ist. Der Zeitraum kann von den Eltern zweimal bis zur Vollendung des dritten Lebensjahres des Kindes verlängert werden. Außerdem besteht auch hier ein Anspruch auf die Rückkehr zum vorherigen Arbeitsplatz. Allerdings nur, wenn ein Jahr vor der Geburt des Kindes beim selben Arbeitgeber gearbeitet wurde. Während der Elternzeit ist nur ein Elternteil berechtigt, Elterngeld zu beziehen. Außerdem ist in Frankreich wie in Deutschland Teilzeitarbeit möglich. In Frankreich beträgt diese mindestens 16 Stunden bis maximal 80% einer Vollzeitstelle (vgl. BMFSFJ, 2008 (a), S.123f.) (ca. 30 Stunden) und in Deutschland mindestens 15 und maximal 30 Stunden (vgl. BMFSFJ, 2010, S.67). Wie in Deutschland macht sich auch in Frankreich die Betreuung eines Kindes auf die Rente bemerkbar. „Die direkt verwendete Zeit der Kinderbetreuung im Rahmen der Elternzeit erhöht den Rentenanspruch. Zudem erhöht sich der Rentenanspruch derjenigen Personen, die den Haushalt alleine durch ihre Erwerbstätigkeit finanzieren, mit der Anzahl der zu versorgenden Personen" (BMFSFJ, 2008 (a), S.124).

Zusätzlich zur Elternzeit besteht in Frankreich die Möglichkeit, wenn es zu einer schweren Erkrankung, Behinderung oder einen Unfall des Kindes kommt, dass ein Elternteil die Erwerbstätigkeit unterbricht und sich um das Kind kümmert. Diese Zeit ist auf 22 Tage pro Monat und 310 Tage insgesamt, über drei Jahre pro Kind und Krankheit bzw. Unfall beschränkt (vgl. ebd., S.124).

5.2.3) Vaterzeit

Was die Vaterzeit betrifft ist Frankreich Deutschland einen Schritt voraus. In Deutschland besteht die Möglichkeit im Rahmen des Elterngeldes zwei Monate Vaterzeit (Partnermonate) zu nehmen (vgl. BMFSFJ, 2008 (a), S.135), was an sich schon eine Entwicklung in Deutschland ist. Frankreich dagegen bietet da allerdings ganz andere Möglichkeiten. So sind die Väter in Frankreich dazu berechtigt, „zusätzlich zu ihrem Jahresurlaub drei Werktage Vatertage zu nehmen (congé de naissance). Zusätzlich zu diesen drei Tagen stehen ihnen elf Kalendertage Vaterzeit (congé de paternité) zu, die innerhalb der vier Monate nach der Geburt in Anspruch genommen werden müssen. Die Vaterzeit besteht zusätzlich zu den Vatertagen. Im Falle einer Mehrlingsgeburt verlängert sich die Vaterzeit um vier Tage" (ebd., S.123), sodass insgesamt bis zu maximal 21 Tagen Vaterzeit genommen werden können. Wenn nun von den Tagen her beurteilt wird, ist die Vaterzeit in Deutschland mit zwei Monaten länger. Allerdings zählen diese nur im Rahmen des Elterngeldes, was bedeutet, dass sich bei einem der beiden Elternteile in dieser Zeit das Einkommen verringert (vgl. ebd., S.17). Somit ist Frankreich mit der gesetzlichen Regelung der Vaterzeit einen Schritt voraus.

6) Die deutsche und französische Familie

Wie man in Abschnitt 3 schon lesen konnte ist eine Familie mit zwei oder drei Kindern das gängige Familienmodell in Frankreich (vgl. BMFSFJ, 2008 (b), S.42). Die aktuellen familienpolitischen Leistungen und Förderungen der beiden Länder Deutschland und Frankreich wurden aufgezeigt und verglichen. In diesem Abschnitt werden zwei weitere, für die Gründung einer Familie, wichtige Aspekte miteinander verglichen. Ich werde prüfen was Frankreich. in Bezug auf die Vereinbarkeit von Familie und Beruf, sowie in Sachen Betreuungsangebote für Kinder im Vorschulalter anders macht. Zuvor werde ich allerdings die Geburtenrate der beiden Länder näher beleuchten.

6.1) Die Geburtenrate

In Europa wird sich mit der Familiengründung immer mehr Zeit gelassen. „Gründe dafür sind u.a. längere Ausbildungszeiten, die höhere Erwerbsbeteiligung von Frauen, sowie verbesserte Möglichkeiten der Schwangerschaftsverhütung" (Mischke, 2009, S.39). In vielen Fällen wird auch erst über Nachwuchs nachgedacht wenn das berufliche Ziel erreicht ist und man in der Lage ist dem Kind eine sichere Zukunft bieten zu können (vgl. ebd., S.39). In der heutigen Zeit beruht die Entscheidung für ein Leben mit Kind/ern „nicht mehr auf Traditionen, religiösen Motiven oder ökonomischen Gründen (soziale Absicherung durch Kinder)" (Bäcker u.a., 2008, S.274), diese Entscheidung ist überwiegend ein Teil von Sinnerfüllung und Lebensverwirklichung. Oftmals ist es aber so, dass die Lebensvorstellung und die Realisierung dieser Lebenspläne auseinander laufen. Entscheidend für die Realisierung der Lebensvorstellungen sind die ökonomischen, sozialen und politischen Voraussetzungen, unter denen Familien leben bzw. leben müssen

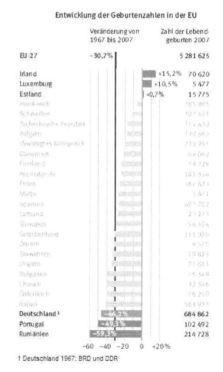

Abb. 1 (Quelle: Mischke, 2009, S.40)

(vgl. ebd., S.275).

Wenn man sich die Entwicklung der Geburtenzahlen zwischen den Jahren 1967 und 2007 (siehe Abb.1) anschaut fällt auf, dass fast alle aufgeführten EU-Länder von einem Rückgang der Geburtenrate betroffen sind. Frankreich hat mit etwa -6% den niedrigsten Rückgang zu verzeichnen. Deutschland hingegen liegt mit -46,2% unter den drei Ländern, die den stärksten Rückgang zu verzeichnen haben (vgl. Mischke, 2009, S.40).

Abb.2 (Quelle: Mischke, 2009, S.41)

„Damit sich die Bevölkerung eines Landes auf natürliche Weise reproduzieren kann, ist in hochentwickelten Ländern mit geringer Kindersterblichkeit eine Zahl von durchschnittlich 2,1 Kindern je Frau erforderlich. Diesen Wert erreichte 2006 kein EU-Staat mehr" (ebd., S.40). Deutschland hat nach Abb.2 einen Wert von 1,33 zu verzeichnen und gehört somit zu den Ländern mit der niedrigsten Geburtenrate. Es gibt zwar EU-Länder, die noch einen niedrigeren Wert aufzuweisen haben, allerdings ist nach Mischke „Deutschland (speziell das frühere Bundesgebiet) [...] das einzige Land weltweit, in dem das niedrige Geburtenniveau bereits seit mehr als 30 Jahren besteht" (ebd., S.40). Dagegen ist Frankreich das Land mit der höchsten Geburtenziffer von 1,98 und kommt damit relativ dicht an den Wert von 2,1 dran. Nach dem BMFSFJ ist die relativ stabile Fertilitätsrate in Frankreich damit zu begründen, „dass die Zahl an Mehrkinderfamilien weniger stark zurückgegangen ist als bspw. in Deutschland. Drittgeburten blieben in Frankreich immer noch häufiger als in den anderen europäischen Ländern und Kinderlosigkeit ist seltener. [...] Eine Familie mit zwei oder drei Kindern ist mittlerweile das gängige Familienmodell" (BMFSFJ, 2008 (b), S.42). Der Anteil von Müttern mit mehr als zwei Kindern liegt in Frankreich bei über 30%, in Deutschland dagegen bei knapp 18%. Auch wenn man nur den Anteil der Frauen vergleicht, die zwei Kinder gebären, so liegt Deutschland noch 6% hinter Frankreich (vgl. ebd., S.42). Man könnte annehmen, dass Kinder in Frankreich auch so eine Art Statussymbol sind.

6.2) Vereinbarkeit von Familie und Beruf

„Arbeit und Karriere auf der einen, Familienleben und Kinderbetreuung auf der anderen Seite: Beides miteinander zu verbinden, stellt für viele Eltern eine besondere Herausforderung dar" (Mischke, 2009, S.47). Vor allem Frauen sind es die bei der Vereinbarkeit von Familie und Beruf oftmals beruflich zurückstecken. Durch die neue Elternzeitregelung ist es zwar auch für die Väter attraktiver geworden sich an der Elternzeit zu beteiligen, aber im Vergleich zu den Müttern ist dieser Teil gering (vgl. Blome u. Keck, 2007, S.10). Durch die Einführung des Elterngeldes und durch die neue Elternzeitregelung ist ein Schritt in die richtige Richtung gemacht worden, aber auch das Angebot der außerfamiliären Betreuung ist sehr entscheidend für die Vereinbarkeit von Familie und Beruf. Denn durch die Elternzeit ist die Betreuung in den ersten 12-14 Lebensmonate eines Kindes gesichert, aber was kommt danach? „Eines der wichtigsten Instrumente zur Förderung der Vereinbarkeit ist die Bereitstellung von Betreuungsplätzen für Kinder, die den modernen Lebens- und Arbeitsverhältnissen entsprechen" (BMFSFJ, 2008 (b), S.23). Denn die Vereinbarkeit von Beruf und Familie ist zumeist „vor allem ein Problem der ungelösten Kinderbetreuung" (Boeckh u.a., 2006, S.306). Besonders groß ist auch noch der Unterschied zwischen den alten und neuen Bundesländern. Gerade in den alten Bundesländern wird durch die fehlenden und unflexiblen Betreuungsvarianten ein Wiedereinstieg in den Beruf erschwert oder verhindert. Dort gibt es nur ein geringes, nicht ausreichendes Betreuungsangebot (vgl. Blome u. Keck, 2007, S.9). „So waren im früheren Bundesgebiet 2008 rund 12% der unter 3-Jährigen in Tagesbetreuung untergebracht, in den neuen Bundesländern waren es mit 42% dreieinhalb Mal so viele. Die höchste Betreuungsquote von allen Bundesländern wies Sachsen-Anhalt mit 53% auf, die niedrigste Niedersachsen und Nordrhein-Westfalen mit jeweils 9%" (Mischke, 2009, S.51). Bei den Kindern zwischen drei und fünf Jahren waren es deutschlandweit 91% die außerfamiliär betreut wurden, im Osten 95% und im Westen 90% (vgl. ebd.). Daran wird deutlich, dass die Kinderbetreuung in Deutschland besonders für die unter 3-Jährigen ausgebaut werden muss und dass auch die regionalen deutschlandweiten Unterschiede behoben werden müssen.

In Frankreich fördert zum einen „ein weit reichendes und flexibles Betreuungssystem für Kleinkinder die Beschäftigungschancen von Müttern, andererseits reicht das Arbeitseinkommen eines Partners in noch höherem Maße als beispielsweise in Schweden aus"(Blome u. Keck, 2007, S.10), so dass ein so großer Druck zu arbeiten gar nicht aufkommt und genügend Entscheidungsspielräume vorhanden sind. Es geht bei diesem Thema natürlich auch um die Vermeidung von Armut. In Frankreich ist es demnach auch so, dass die Erwerbstätigkeit von Frauen dort zwar gefördert und auch als „normal" angesehen wird, die erwerbstätigen Mütter werden dort nicht als „Rabenmütter" bezeichnet, aber die Frauen sind dort dennoch für Betreuung, Pflege und Hausarbeit weiterhin hauptsächlich allein zuständig. Wenn auch in Deutschland und gerade in Westdeutschland das Bild der erwerbstätigen Mutter verändert wird, kann sich auch hier eine positivere Einstellung entwickeln. Was wiederum durch bundesweite veränderte Betreuungsstrukturen zu erreichen wäre (vgl. ebd., S.10/11).

Für die über 3-Jährigen in Deutschland ist die Betreuung in den meisten Fällen durch den Besuch eines Kindergartens gewährleistet, aber auch den besuchen nicht alle Kinder. Gründe hierfür könnten die zum Teil nicht arbeitsfreundlichen Öffnungszeiten sein, aber auch der finanzielle Aspekt könnte eine Rolle spielen. Denn Kindergärten sind in Deutschland kostenpflichtig, aber hierzu und zu den weiteren Betreuungsmöglichkeiten von Kindern in den beiden Ländern, im nächsten Abschnitt mehr.

6.3) Die Betreuungsangebote für Kinder im Vorschulalter – Vergleich beider Länder

„Die Zielsetzung, auch nach der Geburt von Kindern erwerbstätig sein und bleiben zu können und sich beruflich fortzuentwickeln, setzt zwingend voraus, für alle Altersgruppen der Kinder ein bedarfsgerechtes Angebot an Tageseinrichtungen mit arbeitszeitangepassten Öffnungszeiten bereitzustellen. Insbesondere alleinerziehende Mütter, die ein eigenes Erwerbseinkommen erzielen und nicht langfristig auf den Grundsicherungsbezug verwiesen sein wollen, sind zwingend auf ein solches Angebot angewiesen" (Bäcker u.a., 2008, S.330).

Wie das Betreuungsangebot in Deutschland und Frankreich genauer aussieht und ob dieses auch für eine Vereinbarkeit von Beruf und Familie geeignet ist, werde ich in dem folgenden Vergleich prüfen. Außerdem werde ich hier die Frage klären, ob Frankreich wirklich ein Vorbild in der Thematik Kinderbetreuung ist. Bei dem folgenden Vergleich der Betreuungsangebote für Kinder im Vorschulalter werde ich zwischen dem Alter von null bis drei Jahren und schließlich dem Alter von drei bis zum Schuleintritt unterscheiden, da es sich hierbei um zum Teil unterschiedliche Institutionen und Zielgruppen handelt.

„In Frankreich besteht eine lange Tradition öffentlich finanzierter und öffentlich angebotener Kinderbetreuungsplätze. Für die Betreuung und Bildung der Kleinkinder steht eine ausdifferenzierte Betreuungsstruktur zur Verfügung, unter denen öffentliche Betreuungsstrukturen derzeit mit 317.000 Plätzen ein Drittel der Plätze ausmachen" (BMFSFJ, 2008 (a), S.124). In Deutschland wird seit 2006 an dem Ausbau von Betreuungsplätzen für Kinder unter drei Jahren gearbeitet (vgl. BMFSFJ, 2008 (b), S.24). „Bund, Länder und Kommunen haben sich darauf geeinigt, bis 2013 für bundesweit durchschnittlich 35 Prozent der Kinder unter drei Jahren einen Betreuungsplatz bereitzustellen. Wiederum 30 Prozent dieser Betreuungsplätze sollen in der öffentlichen Kindertagespflege bereitstehen" (ebd., S.24), also für jedes dritte Kind. Ob dies wiederum reichen wird ist fraglich. Außerdem variiert das Betreuungsangebot zwischen den alten und neuen Bundesländern immer noch erheblich. So stand 2006 im Westen für 8 Prozent der Kinder unter drei Jahren ein Betreuungsplatz zur Verfügung und im Osten waren es 39,7 Prozent (vgl. ebd., S.24). Die Versorgung der Kinder unter drei Jahren soll allerdings auch durch Tagesmütter besser ausgebaut werden. Tagesmütter bei denen mehr als drei Kinder untergebracht werden können (Tagespflegestellen) bieten für die Kommunen eine kostengünstigere Alternative zur Krippenbetreuung. Die Tagespflegestellen werden vom Jugendamt auf ihre Eignung geprüft und je nach Einkommenslage der Eltern übernimmt das Jugendamt die Kosten für die Tagesmutter. Die familienähnliche und flexible ausgestaltbare Betreuungskonstellation wird als Vorteil angesehen (vgl. Bäcker u.a., 2008, S.334). „Aber die Nachteile der Tagespflege wiegen schwer: Qualität und Verlässlichkeit der Betreuung sind nicht sichergestellt, denn Qualitätsstandards vergleichbar zu Tageseinrichtungen werden nicht vorausgesetzt, [sic] und bei Krankheit oder Urlaub der Tagesmutter gibt es keinen Ersatz. Noch problematischer – vor allem für das Kind – ist es, wenn Tagesmütter wegen Kündigung von der einen oder anderen Seite gewechselt werden müssen" (ebd., S.334). Auch in Frankreich wird vor allem der Bereich der Tagespflege weiter ausgebaut und hier auf finanzielle Beihilfen gesetzt (siehe Abschnitt 5.1.4). Dabei spielt es keine Rolle, ob die Tagespflege durch Großtagespflege oder durch Kindermädchen erbracht wird. Durch den Ausbau der privaten Tagespflege für die unter 3-Jährigen sollen Familien bei der außerfamiliären Kinderbetreuung finanziell unterstützt werden (vgl. BMFSFJ, 2008 (b), S.25). „Sie erhalten eine Betreuungszulage zur außerfamiliären Betreuung von Kleinkindern (Complément du libre choix du mode de garde) bis 3 Jahren und einen reduzierten Satz für die 3-6-Jährigen. [...] Die Höhe der Zulage variiert nach Einkommen und Familiengröße" (BMFSFJ, 2008(a), S.142).

Die Betreuung der Kinder bei Tagesmüttern (crèches familiale) bietet zwei Betreuungsarten. Zum einen in sog. Haltes-Garderies (Kindertagesstätte), die eine sehr flexible Betreuung für Kinder bis sechs Jahren bietet. Die unter 3-Jährigen werden hier auch auf die Vorschule vorbereitet. In den öffentlichen Haltes-Garderies liegt die Betreuungskapazität bei bis zu 60 Plätzen. Die zweite Möglichkeit sind die Multi-accueil. Das sind vielseitige Einrichtungen, die ganz unterschiedliche Betreuungsstrukturen, wie etwa eine Krippe oder eine punktuelle Betreuung umfassen (vgl. BMFSFJ, 2008 (a), S.125). „Diese Form der

Betreuungseinrichtungen hat in den letzten Jahren deutlich zugenommen" (ebd., S.125). Neben diesen Betreuungsmöglichkeiten gibt es in Frankreich außerdem die Möglichkeit auf eine Unterbringung in einer Krippe. Hier gibt es drei verschiedene Formen: öffentliche Krippen, Eltern-Initiativ-Krippen und Unternehmenskrippen. In der Trägerschaft der Kommunen sind die öffentlichen Krippen (crèches collectives) zu finden. Der Nachteil an den konventionellen Krippen ist, dass sich deren beschränkten Öffnungszeiten nur schwer mit den üblichen Arbeitszeiten vereinbaren lassen. Die Eltern-Initiativ-Krippen (crèches parentales) sind durch Eltern ins Leben gerufen worden. Ende der 1960er Jahre haben Eltern verstärkt die Initiative für neue Formen der Kinderbetreuung ergriffen. Mittlerweile sind die Eltern-Initiativ-Krippen in Frankreich fest etabliert. Sie basieren stark auf die Unterstützung und Mitarbeit der Eltern, die zusammen mit den Angestellten die Betreuung von ca. 20 Kindern übernehmen (vgl. ebd., S.124). „Diese Form der Betreuung ist seit 1981 offiziell anerkannt und wird öffentlich bezuschusst" (ebd., S.124). Die Unternehmenskrippen sind Bestandteil der Unternehmen und verfügen über eine Kapazität von bis zu 60 Kinderbetreuungsplätzen, hier werden die Kinder entsprechend den Arbeitszeiten der Eltern betreut (vgl. ebd., S.124).

Trotz dieser Möglichkeiten sind es nicht mal 30% der Kinder unter drei Jahren, die in einer Krippe oder von einer Tagesmutter betreut werden (Krippen: 8%; Tagesmütter: 18%), davon stammen nur 10% aus der unteren Einkommensschicht. 64% werden von den Eltern betreut und die übrigen von den Großeltern oder anderen. Das lässt darauf schließen, dass die einkommensschwachen Familien sich eher dazu entschließen Elterngeld zu beziehen und die Kinder selbst zu betreuen (vgl. BMFSFJ, 2008 (a), S.125/126). „Einkommensschwache Familien greifen oft auf kollektive Einrichtungen zurück (Krippen, *Halte-Garderies*), die erheblich günstiger sind als die individuellen Dienstleistungen (Tagesmutter, Kinderfrau). Eine Kinderfrau wird am häufigsten in Haushalten mit sehr hohen Einkommen und hohem Bildungsstand beschäftigt. Die Flexibilität der Arbeitsstunden ebenso wie die Kombinationsmöglichkeit von Kinderbetreuung und Hausarbeit erhöht die Attraktivität dieser Betreuungsform für die wohlhabenden Haushalte" (Reuter, 2002, S.21).

In Frankreich wird mehr als in Deutschland die Kinderbetreuung zur Förderung der frühkindlichen Entwicklung eingesetzt. Allerdings setzt Frankreich hierbei den Schwerpunkt auf die Drei- bis Fünfjährigen. Mit den flächendeckenden Vorschulen (école maternelle) hat Frankreich die Förderung im frühen Vorschulalter stark ausgebaut. Die sehr guten Bedingungen zur frühkindlichen Förderung machen es für Eltern attraktiver ihre Kinder in Regeleinrichtungen zu geben, anstatt sie privat oder elterlich betreuen zu lassen (vgl. BMFSFJ, 2008 (b), S.25) (siehe auch Abschnitt 3.2).

Die Betreuung für die Kinder zwischen drei und sechs Jahren wird in Frankreich fast ausschließlich von den Vorschulen (école maternelle) übernommen. Ein Platz in der Vorschule ist für alle Kinder ab dem dritten Lebensjahr gewährleistet. Es gibt sogar Bezirke, in denen Kinder schon ab dem zweiten Lebensjahr in die Vorschule eingeschult werden können. Diese Form gibt es überwiegend in Gebieten, wo nur wenige Betreuungseinrichtungen vorhanden sind. Die Vorschulen sind in der Regel von 8.30h bis 16.30h bis auf Mittwochs geöffnet. Mittwochs findet die Betreuung überwiegend nur halbtags statt (vgl. BMFSFJ, 2008 (a), S.124f.). Für die Kinder, die länger Betreuung benötigen, da 16.30h noch zu früh für die Eltern ist, organisieren manche Vorschulen eine Betreuungsform die bis 18.30h geht. Etwa 99% der Kinder zwischen drei und sechs Jahren gehen in die staatliche und kostenlose Vorschule, die in Frankreich mehr zum Schulsystem als zur Kinderbetreuung gezählt wird. Lediglich für das Essen und je nach Einkommen für zusätzliche Betreuung müssen die Eltern einen Beitrag zahlen (vgl. Stern, 2007, S.101). Abgesehen von der Vorschule gibt es als Alternative für die älteren Kinder die Möglichkeit auf einen Platz im Kindergarten (jardins d'entfants), der allerdings aufgrund der Dominanz der Vorschule einen quantitativ geringen Stellenwert hat (vgl. BMFSFJ, 2008 (a), S.125). „In Frankreich gewährleisten die Kinderbetreuungsmöglichkeiten für diese Altersgruppe demnach durch eine sehr gute Bedarfsdeckung, niedrige Kosten und Bedarfsorientierung (flexible und lange Öffnungszeiten sowie hohe pädagogische Qualität) optimale Voraussetzungen für die vollzeitige berufliche Wiedereingliederung von Müttern" (Stern, 2007, S.102).

Seit dem 1.Januar 1999 besteht in Deutschland ein uneingeschränkter Rechtsanspruch auf einen Kindergartenplatz (Boeckh u.a., 2006, S.306). Dadurch „hat nun jedes Kind vom vollendeten dritten Lebensjahr bis zum Tag des Schuleintritts einen Anspruch auf Unterbringung in einer Tageseinrichtung, deren Auftrag gemäß dem SGB VIII nicht allein in der Betreuung, sondern auch in der Erziehung und Bildung der Kinder liegt. Allerdings sind die üblichen starren Öffnungszeiten der Kindergärten in der Regel nicht geeignet, einer vollen und häufig nicht einmal einer Teilzeitbeschäftigung nachzugehen" (ebd., S.306). Vor allem in Westdeutschland fehlen die Ganztagsangebote. In den östlichen Bundesländern besteht teilweise bis heute noch das zu DDR-Zeiten gut ausgebaute Betreuungsangebot (vgl. ebd., S.306f.). Dennoch ist in den neuen Bundesländern ein massiver Abbau der Kindergartenplätze zu verzeichnen, durch die dort rückläufigen Geburtenzahlen bleiben die Versorgungsquoten jedoch relativ hoch. Auch Betriebskindergärten, wie sie in der DDR gängig waren, gibt es kaum noch (vgl. Bäcker u.a., 2008, S.330f.). „Häufiger ist die Variante, dass Unternehmen für ihre Beschäftigten Plätze in Einrichtungen anderer Träger „einkaufen" "(ebd., S.330). In Deutschland ist der Kindergartenplatz entgeltlich. Die Eltern zahlen einen Beitrag, der von Kommune zu Kommune variiert und finanzieren so den Kindergarten mit. In der Familienpolitik tauchen immer wieder Diskussionsthemen wie Absenkung bis hin zur Streichung der Kindergartenbeiträge auf (vgl. Stern, 2007, S.100).

7) Fazit

Zusammenfassend lässt sich sagen, dass Frankreich ein Vorbild in der Kinderbetreuung darstellt. Das Land bietet den Eltern eine breite Palette an staatlich geförderten Betreuungsmöglichkeiten, zwischen denen sie frei wählen können an und auch die Finanzierung ist zum Teil sichergestellt bzw. wird finanziell gefördert, z.b. durch die Kinderbetreuungshilfe. In beiden Ländern steht der Ausbau der Kinderbetreuung für die unter 3-Jährigen weiterhin im Fokus der aktuellen Familienpolitik. Frankreich kann an einigen Stellen für Deutschland durchaus ein Vorbild darstellen. Vor allem die Betreuung durch die Vorschule der ab 3-Jährigen ist vorbildhaft und durch deren Öffnungszeiten auch für eine Vereinbarkeit von Beruf und Familie durchaus gedacht.

Bei der finanziellen Unterstützung sind beide Länder gut gestellt. Hierbei fällt allerdings auf, dass Frankreich dort die finanzielle Förderung in den meisten Fällen erst ab dem zweiten und besonders ab dem dritten Kind gewährt. In Deutschland gibt es sämtliche Leistungen bereits ab dem ersten Kind. Es stellt sich auch die Frage, ob es so klug ist, den Fokus nur auf Mehrkinderfamilien zu legen und diese dann auch hauptsächlich erst ab dem zweiten bzw. dritten Kind zu fördern. Das wäre noch ein Aspekt, den man an anderer Stelle prüfen könnte.

In Deutschland ist eine Entwicklung in Sicht. Durch die Einführung des Elterngeldes werden die Familien finanziell gut unterstützt, so dass es auch attraktiver wird sich für ein Leben mit Kindern zu entscheiden. Allerdings reicht das nicht aus wenn nicht genügend und gut qualifizierte und ausgebaute Betreuungsangebote vorhanden sind. Denn beides ist für eine Vereinbarkeit von Beruf und Familie wichtig. In dem Fall hat Frankreich schon gute Rahmenbedingungen geschaffen, so dass die Familien dort durch das vorhandene familienpolitische System gut aufgefangen werden können.

Literaturverzeichnis

Bücher:

- Bäcker, Gerhard/ Naegele, Gerhard/ Bispinck, Reinhard/ Hofemann, Klaus/ Neubauer, Jennifer, 2008, *Sozialpolitik und soziale Lage in Deutschland. Band 2: Gesundheit, Familie, Alter und Soziale Dienste*, 4.Auflage, Wiesbaden: VS Verlag für Sozialwissenschaften | GWV Fachverlage GmbH
- Blome, Agnes/ Keck, Wolfgang, 2007, *Mehr Staat, weniger Mama. Erwerbstätigkeit von Müttern mit Kleinkindern im Ländervergleich*, in: WZB-Mitteilungen, Heft 116, S.8-11
- Boeckh, Jürgen/ Huster, Ernst-Ulrich/ Benz, Benjamin, 2006, *Sozialpolitik in Deutschland. Eine systematische Einführung*, 2.Auflage, Wiesbaden: VS Verlag für Sozialwissenschaften | GWV Fachverlage GmbH
- Bundesministerium für Familie, Senioren, Frauen und Jugend (BMFSFJ), 2010, *Elterngeld und Elternzeit. Das Bundeselterngeld- und Elternzeitgesetz*, 8. Auflage, Berlin
- Bundesministerium für Familie, Senioren, Frauen und Jugend (BMFSFJ), 2008 (a), *Das Gesetz zum Elterngeld und zur Elternzeit im internationalen, insbesondere europäischen Vergleich, Länderstudien 2008*, Berlin
- Bundesministerium für Familie, Senioren, Frauen und Jugend (BMFSFJ), 2008 (b), *Das Gesetz zum Elterngeld und zur Elternzeit im internationalen, insbesondere europäischen Vergleich, Vergleichskapitel 2008*, Berlin
- Dienel, Christiane, 2002, *Familienpolitik . Eine praxisorientierte Gesamtdarstellung der Grundlagen, Handlungsfelder und Probleme*, Weinheim und München: Juventa Verlag
- Gerlach, Irene, 2008, *Wichtige Stationen bundesdeutscher Familienpolitik*, In: Informationen zur politischen Bildung. Familie und Familienpolitik, Nr.301/2008, S.54-63
- Gerlach, Irene, 2004, *Familienpolitik. Lehrbuch,* Wiesbaden: VS Verlag für Sozialwissenschaften | GWV Fachverlage GmbH
- Lampert, Heinz/ Althammer, Jörg, 2007, *Lehrbuch der Sozialpolitik*, 8.Auflage, Berlin Heidelberg: Springer-Verlag
- Mischke, Johanna, 2009, *Im Blickpunkt: Jugend und Familie in Europa*, Wiesbaden: Statistisches Bundesamt
- Opielka, Michael, 2008, *Sozialpolitik. Grundlagen und vergleichende Perspektiven*, 2. Auflage, Reinbek: Rowohlt Taschenbuch Verlag

- Reuter, Silke, 2002, *Frankreichs Wohlfahrtsregime im Wandel? Erwerbsintegration von Französinnen und familienpolitische Reformen der 90er Jahre*, ZeS-Arbeitspapier 13/2002, Bremen
- Stern, Nadine, 2007, *Familienpolitische Konzepte im Ländervergleich. Sprungbrett oder Stolperstein für erwerbstätige Mütter?*, Marburg: Tectum Verlag

Gesetzestexte:
- Prof. Stascheit, Ulrich, 2010, *Gesetze für Sozialberufe. Textsammlung*, 18.Auflage, Baden-Baden: Nomos Verlagsgesellschaft

Internetlinks:
- Bundesministerium für Familie, Senioren, Frauen und Jugend (BMFSFJ), http://www.bmfsfj.de/BMFSFJ/familie,did=31470.html (08.02.2011)
- Caisses d'Allocations familiales (CAF): http://www.caf.fr/wps/portal/!ut/p/c1/04_SB8K8xLLM9MSSzPy8xBz9CP0os3hLf2df Y0cn35AAU2MzAyNTL7egMLdAYwNDE6B8JJK8YYifl1De09nCyMTUyCDQllDu cJB9ZvEGOICjAUQej_l- Hvm5qfoFuREGWSaOigAnDosH/dl2/d1/L3dJVkEvd0RNQUJrQUVnQSEhL1lCcHh KRnch- LzZfOU9DTTNBQk1UUEdKQjAyNTI4NE00QjAwODAvM185T0NNM0FCTVRQT EM3MDI1S1E2NkZBMjA4MQ!!/ (08.02.2011)

Abbildungsverzeichnis

Tabellenverzeichnis